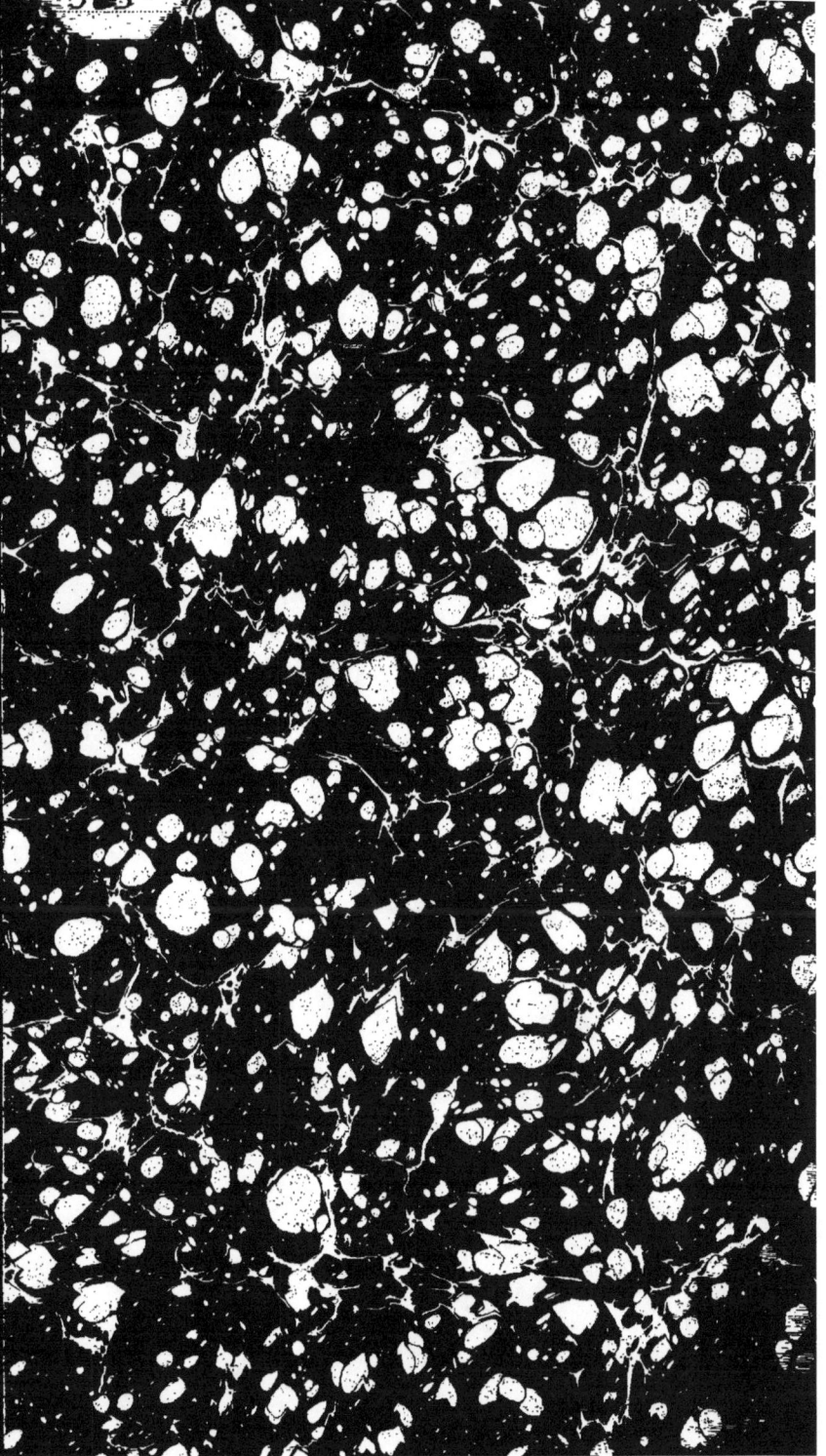

STATUTS,

ORDONNANCES,

ET DECLARATION

DU ROY,

CONFIRMATIVE D'ICEUX,

Pour la Communauté des Couturieres de la Ville, Fauxbourgs & Banlieue de Paris.

Vérifiés en Parlement le 7 Septembre 1675.

A PARIS,

De l'Imprimerie de la Veuve Lamesle, rue vieille Bouclerie, à la Minerve.

M. DCCLXI.

STATUTS,

ET

ORDONNANCES

POUR LA COMMUNAUTÉ
des Maîtreſſes Couturieres de la Ville, Fauxbourgs
& Banlieue de Paris.

ARTICLE PREMIER.

LES MAISTRESSES COUTURIERES auront la faculté de faire & vendre des Robbes de Chambre, Juſtaucorps, Manteaux, Hongrelines, Camiſoles, Corps de Jupes, & tous autres Ouvrages de toutes ſortes d'Etoffes pour habiller les Femmes & Filles, à la réſerve des Corps-de-Robbes & Bas de Robbes ſeulement : Dans tous leſquels Ouvrages qu'il leur eſt

A ij

permis de faire , elles pourront employer de la Baleine
& autres choses qu'il conviendra pour la façon & per-
fection desdits Ouvrages ; avec défenses à toutes Filles
& Femmes , qui ne seront point Maîtresses du Métier ,
d'en faire aucune fonction.

ARTICLE II.

LES Maîtresses Couturieres ne pourront employer
pour faire leurs Ouvrages , aucuns Compagnons Tailleurs , ni les Maîtres Tailleurs aucunes Filles Couturieres. Ne pourront aussi les Maîtresses Couturieres faire
aucuns habits d'Hommes : Leur sera néanmoins permis de faire les Robbes , & tous autres habits d'Enfans
de l'un & l'autre sexe , jusqu'à l'âge de huit ans.

ARTICLE III.

LES Maîtres Tailleurs n'auront aucune visite chez
les Maîtresses Couturieres , ni les Couturieres chez les
Maîtres Tailleurs.

ARTICLE IV.

APRÉS que le nombre des Maîtresses Couturieres
dont Sa Majesté veut que la Communauté soit com-
posée , aura été une fois rempli , aucune Fille ou Fem-
me ne sera reçûe Maîtresse Couturiere , si elle n'a été
obligée en qualité d'Apprentisse , chez l'une des Maîtresses de la Communauté pendant trois ans ; & qu'a-
près iceux expirés , elle n'ait encore servi deux ans chez
quelqu'une des Maîtresses ; après quoi elle pourra se
présenter aux Jurées , pour , si elle est de bonne vie &
mœurs , être admise à la Maîtrise , en faisant un Chef-
d'œuvre , tel qu'il lui sera ordonné.

ARTICLE V.

Le Chef-d'œuvre fera donné par les Jurées, & fera fait en leur préfence, en la maifon de l'une d'entre elles, & aufli en la préfence de quatre Anciennes dudit Métier, deux Modernes & deux Jeunes; & feront tenues les Jurées après le Chef-d'œuvre bien & dûement fait, en certifier l'un des Procureurs du Roi au Châtelet, & conduire l'Afpirante chez lui, afin qu'il la reçoive Maîtreffe, & lui faffe prêter ferment; & fera tenue l'Afpirante payer pour tous droits, à chaque Jurée quarante fols, vingt fols à chacune des Anciennes, Modernes & Jeunes, & dix livres à la Boëte, pour furvenir aux affaires de la Communauté.

ARTICLE VI.

Les Filles de Maîtreffes feront reçûes fans faire apprentiffage ni Chef-d'œuvre, & payeront feulement cent fols à la Boëte de la Communauté, trois livres pour la Confrérie, & demi droit à chacune des Jurées.

ARTICLE VII.

Chacune Maîtreffe Couturiere ne pourra avoir en même tems plufieurs Apprentiffes, ains fe contenteront d'une feulement, laquelle fera de bonnes vie & mœurs, & fera obligée pour ledit tems de trois années; & ne pourra la Maîtreffe en prendre une autre qu'après lefdits trois ans, ou au moins pendant la troifiéme année, à peine d'amende, & de nullité du Brevet. Leur fera néanmoins permis d'employer un ou plus grand nombre de Compagnes ou Filles de Boutique, pour travailler à leurs Ouvrages.

ARTICLE VIII.

N ULLE Maîtreſſe ne pourra ſouſtraire ni donner à travailler à aucune Apprentiſſe ou Fille de Boutique d'une autre Maîtreſſe, ſans la permiſſion de ladite Maîtreſſe, juſqu'à ce que ladite Apprentiſſe ait achevé ſon tems d'apprentiſſage, ou ladite Fille de Boutique l'Ouvrage par elle commencé, à peine d'amende; & feront tenues les Apprentiſſes & les Filles de travailler aſſiduement chez les Maîtreſſes tous les jours, à la réſerve des jours de Dimanches & de Fêtes commandées par l'Egliſe, pendant leſquels, déſenſes leur ſont faites & à leurs Maîtreſſes de travailler, à peine de trente livres d'amende, appliquable moitié au Roi, & l'autre moitié au profit de ladite Communauté.

ARTICLE IX.

LES affaires de la Communauté feront conduites & régies par ſix Jurées: chacune deſquelles demeurera en Charge pendant deux ans, & en ſera élu trois tous les ans à la pluralité des voix, pardevant l'un des Procureurs du Roi au Châtelet, le Vendredi avant la Fête de la Sainte Trinité, par les Jurées en Charge, toutes les Maîtreſſes qui auront paſſé les Charges, quarante Anciennes, vingt Modernes & vingt Jeunes, qui feront appellées à ladite Election tour à tour, ſuivant l'ordre du Tableau.

ARTICLE X.

LES Jurées feront obligées de tenir la main à l'exécution des préſens Statuts, & les conteſtations qui naî-

tront pour raison d'iceux, seront réglées en la Chambre des Procureurs de Sa Majesté au Châtelet en la ma-
niere accoutumée.

ARTICLE XI.

LES Maîtresses Couturieres seront tenues de faire
bien & dûement les Ouvrages commandés ou non commandés, le tout bien coupé & cousu, de bonne étoffe,
bien & fidélement garni & étoffé ; de bien mettre, ap-
pliquer & enjoliver ce qu'il conviendra pour leur per-
fection, le tout à poil droit, fil, fleurs & figures, à
peine d'amende, & des dommages & intérêts des Par-
ties : Et pour empêcher les fraudes, les Jurées seront
tenues d'aller en visite au moins deux fois l'année chez
toutes les Maîtresses, & leur sera payé dix sols par chaque Maîtresse pour chacune visite : & bien qu'elles fas-
sent plus grand nombre de visites, ne leur sera payé ce
droit que pour deux par chacun an.

ARTICLE XII.

LA Communauté aura pour Patron Saint Louis, &
pourra établir sa Confrérie en l'Eglise des Grands Au-
gustins, ou en telle autre qui lui sera plus convenable :
pour l'entretien de laquelle chaque Aspirante payera
cinq livres lors de sa réception, & chacune Maîtresse
dix sols par chacun an, lesquelles sommes seront reçues
par les deux dernieres Jurées, qui seront tenues de
prendre soin du Service Divin, & de tout ce qui con-
cernera ladite Confrérie.

SI donnons en Mandement à nos amés & féaux Con-
seillers, les Gens tenans notre Cour de Parlement

de Paris, Prevôt dudit lieu, ou son Lieutenant Général de Police, & autres qu'il appartiendra, que cesdites
Présentes ils faffent lire, publier & regiftrer, & icelles
obferver & garder de point en point felon leur forme
& teneur, & lefdites Expofantes jouïr & user pleinement & paifiblement defdits Statuts contenant douze
Articles, à toujours & perpétuellement ; contraignant
à ce faire, fouffrir & obéïr tous ceux qu'il appartiendra, nonobftant tous Edits, Ordonnances, Arrêts,
Réglemens, Reftrictions, Mandemens, Défenfes &
Lettres à ce contraires, auxquelles, & aux dérogatoires
des dérogatoires, Nous avons dérogé & dérogeons par
cefdites Préfentes : Voulons qu'aux copies d'icelles collationnées par l'un de nos amés & féaux Confeillers &
Sécretaires, foi foit ajoûtée comme à l'original: CAR
tel eft notre plaifir. DONNÉ à Verfailles le trentiéme
jour de Mars, l'an de grace mil fix cent foixante-
quinze, & de notre Regne le trente-deuxiéme. *Signé*
LOUIS. *Et plus bas*, Par le Roi, COLBERT. Et
fcellé du grand Sceau de cire verte, en lacs de foye
rouge & verte.

*Regiftrés, ouï & ce requerant le Procureur Général du
Roi, pour être exécutés felon leur forme & teneur, fuivant
l'Arrêt de ce jour. A Paris, en Parlement, le feptiéme Septembre mil fix cent foixante-quinze. Signé* JACQUES.

*Regiftrés au Regiftre ordinaire de la Police, fuivant la Sen-
tence cejourd'hui rendue par Monfieur le Lieutenant Général
de Police, fur les Conclufions de Monfieur le Procureur du
Roi, par moi Greffier de la Police, & fouffigné, le feptiéme
jour d'Octobre mil fix cent foixante-quinze. Signé* SAGOT.

Les

Les présens Statuts, Déclaration du Roi, & Arrêt de la Cour qui en ordonne l'enregiftrement, ont été lûs & publiés en la Chambre de Monfieur lo Procureur du Roi, l'Audiance tenant, fuivant le Jugement par lui rendu ce-jourd'hui, & regiftrés au Regiftre de ladite Chambre, pour être le tout exécuté felon fa forme & teneur, par moi Commis à l'exercice du Greffe de ladite Chambre. Fait ce douziéme Octobre mil fix cent foixante-quinze. Signé S O U B R A S.

L OUIS, par la grace de Dieu, Roi de France & de Navarre : A tous préfens & à venir : SALUT. Par notre Edit du mois de Mars mil fix cent foixante & treize, vérifié où befoin a été, Nous avons, entre autres chofes, ordonné que ceux qui faifoient profeffion de Commerce, Marchandifes, & toutes fortes d'Arts & Métiers, dans la Ville & Fauxbourgs de Paris, fans être d'aucun Corps & Communauté, feroient établis en Corps, Communauté & Jurande, pour exercer leurs Profeffions, Arts & Métiers, & qu'il leur feroit expédié des Statuts, encore qu'ils euffent relation à des Arts & Métiers qui font en Communauté & Maîtrife : En exécution duquel Edit plufieurs Femmes & Filles Nous ayant remontré que de tout tems elles fe font appliquées à la Couture, pour habiller les jeunes enfans, & faire pour les perfonnes de leur fexe, leurs Juppes, Robbes de Chambre, Manteaux, Corps de Juppes, & autres Habits de commodité, & que ce travail étoit le feul

B

moyen qu'elles euffent pour gagner honnêtement leur
vie : Elles Nous auroient fupplié de les ériger en Communauté, de leur accorder les Statuts qu'elles Nous auroient préfentés pour exercer leur Profeffion. Laquelle
Requête & lefdits Statuts Nous aurions renvoyés au
Sieur de la Reynie, & à nos Procureurs au Châtelet,
qui nous auroient donné leur Avis le feptiéme Janvier
dernier. Et ayant été informés que l'ufage s'étoit telle-
ment introduit parmi les Femmes & Filles de toutes
fortes de conditions, de fe fervir des Couturieres pour
faire leurs Juppes, Robbes de Chambre, Corps de
Juppes & autres habits de commodité; que nonobftant
les faifies qui étoient faites par les Jurés Tailleurs, & les
condamnations qui étoient prononcées contre les Couturieres, elles ne laiffoient pas de continuer de travailler
comme auparavant; que cette févérité les expofoit bien
à fouffrir de grandes véxations, mais ne faifoit pas ceffer
leur Commerce; & qu'ainfi leur établiffement en Communauté ne faifoit pas un grand préjudice à celle des
Maîtres Tailleurs, puifque jufques ici elles ne travail-
loient pas moins, bien qu'elles n'euffent point de qualité.
Ayant d'ailleurs confidéré qu'il étoit affez dans la bien-
féance, & convenable à la pudeur & à la modeftie des
Femmes & Filles, de leur permettre de fe faire habiller
par des perfonnes de leur fexe, lorfqu'elles le jugeront
à propos. A CES CAUSES, & autres bonnes confidéra-
tions, de l'avis de notre Confeil, qui a vû notre Edit
du mois de Mars mil fix cent foixante & treize, l'Arret
de notre Confeil portant renvoi de la Requête defdites
Filles Couturieres, & lefdits Statuts à notre Lieutenant
Général de Police, & nos Procureurs au Châtelet, lef-

dits Statuts & Ordonnances contenant douze Articles;
les Avis fur iceux de nofdits Lieutenant Général de
Police & Procureurs au Châtelet, & de notre grace
fpéciale, pleine puiffance & autorité Royale, Nous avons
érigé & érigeons ladite Profeffion de Couturieres, en
titre de Maîtrife Jurée, pour faire à l'avenir un Corps
de Métier en notre bonne Ville & Fauxbourgs de Paris,
ainfi que les autres Communautés qui font établies. Voulons que toutes les Femmes & Filles, lefquelles ont
payé les fommes aufquelles elles ont été modérément
taxées en notre Conleil, & ont prêté ferment en qualité
de Maîtreffes Couturieres, pardevant l'un de nos Procureurs au Châtelet, & celles qui feront reçues à l'avenir,
puiffent fe dire Maîtreffes Couturieres, & continuer leur
Art & Profeffion, avec tous les droits, fonctions &
Priviléges mentionnés és Articles & Statuts ci-attachés
fous le contre-fcel de notre Chancellerie, que Nous
avons approuvés, confirmés & homologués; & par ces
Préfentes fignées de notre main, approuvons, confir-
mons & homologuons; voulons qu'ils foient exécutés
de point en point felon leur forme & teneur, fans néanmoins que lefdits Statuts ni l'érection des Couturieres
en Corps de Métier puiffent faire préjudice au droit &
à la faculté qu'ont eu jufqu'ici les Maîtres Tailleurs de
faire des Juppes, Robbes de Chambre, & toutes fortes
d'habits de Femmes & d'Enfans, que nous voulons leur
être confervée en fon entier, ainfi qu'ils en ont joui
jufqu'à préfent. Si donnons en Mandement à nos amés
& féaux Confeillers, les Gens tenans notre Cour de
Parlement, Prevôt de Paris, ou fon Lieutenant Général de Police, & autres qu'il appartiendra, que ces

B ij

Préfentes ils faffent lire, publier & regiftrer, & icelles
garder & obferver de point en point felon leur forme
& teneur, & lefdites Maîtreffes Couturieres & leur
Communauté jouir & ufer pleinement & paifiblement
defdits Statuts, à toujours & perpétuellement; contraignant à ce faire, fouffrir & obéir tous ceux qu'il appartiendra, nonobftant tous Edits, Ordonnances, Arrêts,
Réglemens, Mandemens, Défenfes & Lettres à ce
contraires, auxquelles & aux dérogatoires des dérogatoires, Nous avons dérogé & dérogeons par ces Préfentes. Voulons qu'aux Copies d'icelles collationnées par
l'un de nos amés & féaux Confeillers & Sécretaires, foi
foit ajoûtée comme à l'original : CAR tel eft notre plaifir.
DONNÉ à Verfailles le trentiéme Mars, l'an de grace
mil fix cent foixante & quinze, & de notre Regne le
trente-deuxiéme. *Signé* LOUIS. *Et plus bas*, Par le Roi,
COLBERT. *Et à côté eft écrit*, *Vifa* D'ALIGRE, *Edit de
Création de Maîtreffes pour les Couturieres de la Ville de Paris*,
& fcellé du grand Sceau de cire verte, en lacs de foye
rouge & verte.

*Regiftrées, ouï & ce requerant le Procureur Général du
Roi, pour étre exécutées felon leur forme & teneur, fuivant
l'Arrêt de ce jour. A Paris, en Parlement, le feptiéme Septembre mil fix cent foixante-quinze. Signé* JACQUES.

*Regiftrées au Regiftre ordinaire de la Police, fuivant la Sen-
tence rendue par Monfieur le Lieutenant Général de Police,
fur les Conclufions de Monfieur le Procureur du Roi, cejour-
d'hui feptiéme Octobre mil fix cent foixante-quinze.*
Signé SAGOT.

EXTRAIT DES REGISTRES
de Parlement.

VEU PAR LA Cour, les Grand'Chambre & Tour-
nelle assemblées, l'Edit du Roi donné à Versailles
le trente Mars dernier, signé LOUIS, & plus bas, par
le Roi, COLBERT, & scellé en lacs de soye du grand
Sceau de cire verte : Par lequel, pour les causes y con-
tenues, ledit Seigneur auroit érigé la profession de Couturiere en titre de Maîtrise Jurée, pour à l'avenir faire un
Corps de Métier en cette Ville & Fauxbourgs de Paris,
ainsi que les autres Communautés qui y sont établies :
Véut que toutes les Femmes & Filles, lesquelles auront
payé les sommes esquelles elles auront été modérement
taxées, & auront prêté serment en qualité de Maîtresses
Couturieres pardevant les Substituts du Procureur Général du Roi au Châtelet, & celles qui seront reçues à
l'avenir, puissent se dire Maîtresses Couturieres, &
continuer leur Art & Profession, avec tous les Droits,
Fonctions & Priviléges mentionnés ès Articles & Statuts attachés sous le contre-scel dudit Edit, ainsi que
plus au long il le contient : VEU aussi lesdits Statuts,
Arrêt de ladite Cour du cinq du présent mois, & les
Avis donnés en conséquence par le Lieutenant Général de Police, & les Substituts du Procureur Général
du Roi au Châtelet, dès sept Janvier dernier, & six du
présent mois ; Conclusions dudit Procureur Général :
Ouï le Rapport de Me Pierre Gilbert Conseiller : Tout

confidéré ; LA'DITE COUR a ordonné & ordonne que ledit Edit & Statuts feront regiftrés au Greffe de ladite Cour, pour être exécutés felon leur forme & teneur. Fait en Parlement le fept Septembre mil fix cent foixante & quinze. Collationné, Signé JACQUES.

Collationné aux Originaux, par Nous Confeiller-Sécretaire du Roi, Maifon, Couronne de France & de fes Finances.

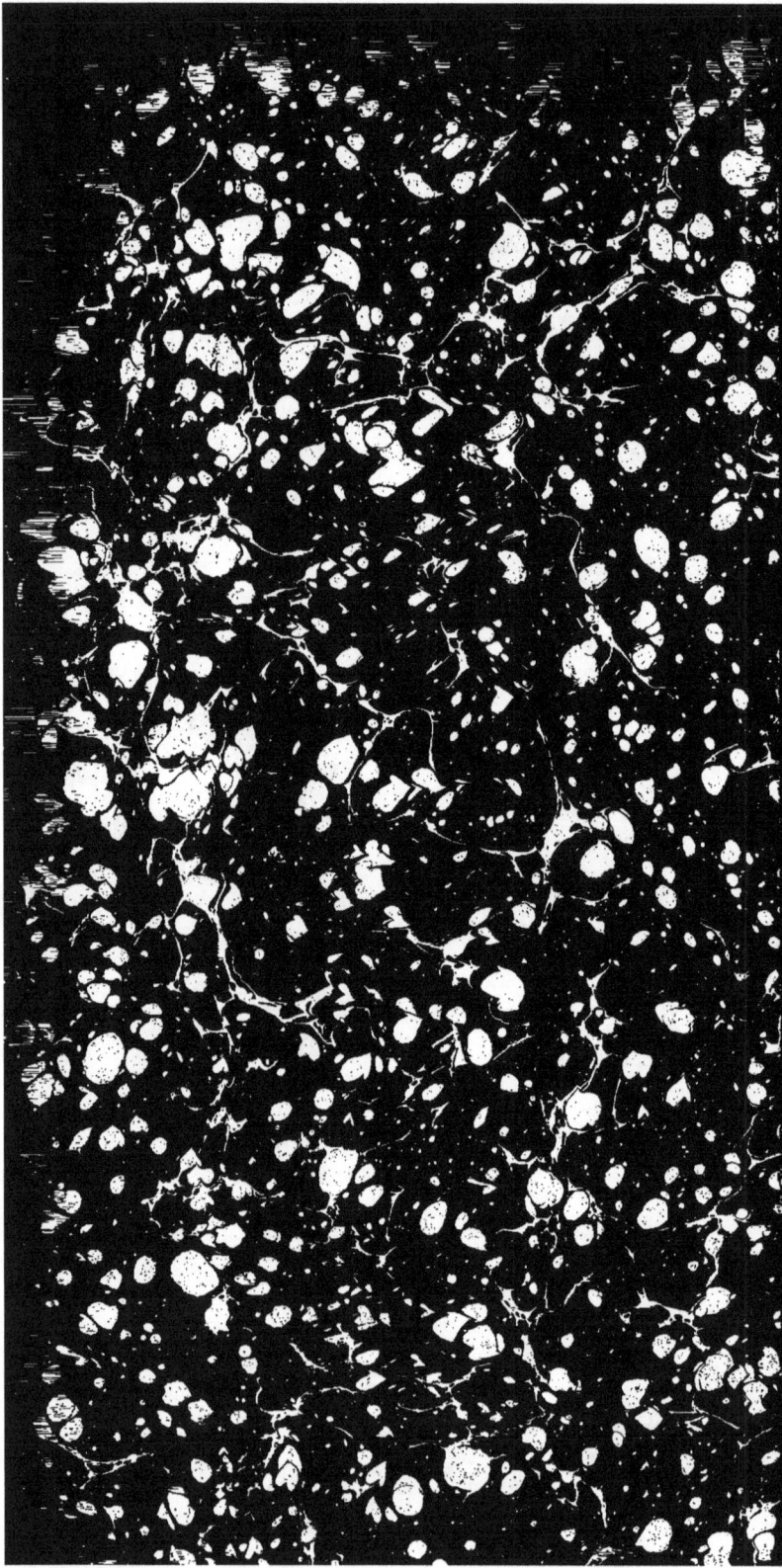